ORGANISATION DU TRAVAIL

Appendice au PLAN SOCIAL,

PAR

J.-I.-B. COULON,

Docteur en droit, Juge d'instruction à Cosne.

PARIS,

GUILLAUMAIN ET Cⁱᵉ, ÉDITEURS, 14, RUE RICHELIEU ;

DENTU, LIBRAIRE, AU PALAIS NATIONAL.

NEVERS,

P. BÉGAT, IMPR.-LIBRAIRE, RUE DU FER, 16,

ET LES AUTRES LIBRAIRES.

—

1848

Quelques personnes, après avoir lu mon *Plan social et humanitaire* (1), ont témoigné le désir de voir donner plus de développements, des détails plus explicites sur la grave et difficile question du travail, « cette grande question du présent et de l'avenir, dit un journal, et qui s'impose à nous comme l'inévitable nécessité des temps modernes. »

Je vais donc ici, sous forme de réglement ou projet de réglement, expliquer et développer les idées qui ne sont que sommairement indiquées dans ma précédente publication.

« Lorsque, dit M. Alby, ingénieur des ponts et chaussées (lettre sur la question du travail), lorsque l'assemblée constituante, reprenant l'œuvre de Turgot, supprimait les maîtrises et les jurandes, et dotait l'industrie française d'une liberté intérieure complète, nos pères accueillirent cette grande mesure comme un véritable bienfait..... Ils ne connaissaient la liberté que de nom, et ils la saluèrent comme le remède infaillible à tous les maux dont ils étaient témoins. L'illusion fut universelle; elle a duré long-temps; mais on peut dire qu'elle est aujourd'hui dissipée. La liberté n'a pas tenu ce qu'elle promettait. La concurrence a ses abus comme le monopole; elle a détruit par ses excès la confiance et la loyauté des transactions; elle a amené des crises commerciales terribles qui se renouvellent périodiquement. Elle a détérioré la qualité des produits, et trop souvent spéculé sur la misère des ouvriers. On ne saurait rendre seules responsables de ces désordres l'imprudence et la cupidité des industriels. Ils sont aussi la conséquence naturelle et fatale de l'état d'isolement et de liberté absolue où se trouve l'indus-

(1) **PLAN SOCIAL ET HUMANITAIRE** : *Organisation du travail et de l'impôt. Secours aux pauvres; Paix et Sécurité aux propriétaires*, brochure in 8°, chez Guillaumin, libraire, rue Richelieu, 14; Dentu, libraire, au Palais national; P. Bégat, à Nevers, etc.

trie..... Il est aujourd'hui bien évident que la liberté absolue est aussi funeste à l'industrie que le monopole. On commence à comprendre que l'industrie ne trouvera sécurité et prospérité que dans un état intermédiaire qui réunira les avantages de l'une et de l'autre, sans aucun de leurs inconvénients ; et de tous côtés on appelle comme nouveau remède à des souffrances trop réelles *l'organisation du travail.* — Mais si le mot est dans toutes les bouches, il est loin d'avoir toujours la même signification. Pour les uns, l'organisation du travail est la transformation complète de l'état social tout entier. D'autres voudraient que le gouvernement se fît entrepreneur général de tous les travaux industriels. Pour le plus grand nombre, les mots d'organisation du travail ne représentent rien de clair et d'arrêté ; ils n'expriment qu'un désir et un espoir d'amélioration du sort des classes ouvrières. Quoi qu'il en soit, je n'ai jamais rencontré dans les écrits qui traitent cette question, si urgente à résoudre, un plan nettement formulé et immédiatement applicable. »

Si je ne me fais illusion, le plan ou système d'organisation que j'ai indiqué dans mon *Plan social et humanitaire,* et que je développe ici, serait d'une application facile et immédiate; et du reste, « il semblerait, m'écrit-on, tout concilier. » « Puissent, m'écrit-on encore, les remèdes efficaces et cependant doux, que vous proposez, ne pas être appliqués trop tard à notre société actuelle, si pleine d'effervescence!... Leur emploi à temps serait, comme vous le démontrez si bien, non-seulement un grand soulagement pour les uns, mais aussi une immense sécurité pour les autres. »

Le même système d'organisation présenterait de plus cet avantage, de ne rien changer aux habitudes des ouvriers, de ne pas faire violence à leurs goûts, de ne pas leur imposer, en un mot, un travail autre que celui auquel ils sont faits, instruits et habitués. « Les travailleurs, dit un journal, sont las de ne rien faire; ils sont humiliés de penser que la terre qu'ils remuent, c'est à la fois de l'argent, du temps et de la peine perdus ; ils aspirent à reprendre l'outil qu'ils étaient exercés à manier. »

Un autre avantage encore, un véritable bienfait qu'offre le même plan aux ouvriers, c'est, tout en leur assurant de l'ouvrage, et l'ouvrage qui leur convient, c'est de ne pas les astreindre à une vie ou habitation commune et pêle-mêle d'ateliers, de magasins, de réfectoires, de chambrées et de dortoirs, etc.; c'est de leur laisser à tous et à chacun le choix de l'habitation, le foyer domestique et privé, et toutes ces jouissances, toutes ces émotions, toutes ces satisfactions de ménage, d'intérieur, de famille, d'arrangements et de dispositions de toute nature qu'on aime tant à faire chez soi et pour soi!

Leur liberté, du reste, n'est pas plus entravée par le mode ou système de demande ou commande, d'indication et d'emploi qu'établit cette nouvelle organisation, qu'elle ne l'est déjà et de fait par le mode actuellement usité : qu'importe, en effet, à l'ouvrier qu'il soit demandé et mis à l'œuvre par une personne ou par une autre, directement ou par l'entremise d'un tiers, pourvu qu'il ait à travailler et qu'il soit payé de son travail?

Les travaux et ouvrages que l'Etat, suivant le même plan, ferait faire aux ouvriers inoccupés, seraient doublement utiles : d'une part, ils feraient *vivre en travaillant* une multitude d'hommes pour qui c'est un droit, et en cela même aussi, ils seraient pour la société ou l'état l'acquit d'une dette, l'accomplissement d'un devoir (Arrêté du gouvernement provisoire du 25 février, *Plan social*, p. 16 et suiv., 24 et suiv., 43); d'une autre part, ils profiteraient à l'Etat lui-même, directement, par l'usage ou l'emploi fructueux qu'il aurait à en faire de diverses manières, et par les diminutions d'impôt qui s'ensuivraient (Voir *Réglement*, art. 26 et suiv., 47 et suiv.).

Du reste, rien de moins compliqué que le mode d'action ou mécanisme indiqué dans mon projet de réglement : un bureau, un registre, un syndic, un ou plusieurs employés ; en voilà tous les rouages, pour chaque société ou corporation. Est-il rien de plus simple et de moins dispendieux?

Et que ceux d'ailleurs qui craignent ou feignent de craindre que les arts et les métiers de luxe ne tombent faute d'aliment, se rassurent : ces arts et métiers ne cesseront point d'occuper et de faire vivre des milliers d'ouvriers ; ils ne cesseront pas plus d'exister que le luxe lui-même, et que la richesse, qui ne sera point, qu'on se rassure bien encore, enlevée aux uns pour être donnée aux autres ou mise en commun (1).

---

(1) « Quant aux communistes, est-il dit au numéro 18 du *Bulletin de la République*, du 20 avril, qu'un petit nombre de sectaires exaltés prêchent le *chimérique* établissement d'une égalité de fortune *impossible*, il ne faut ni s'en étonner ni s'en effrayer. » J'avais dit aussi et dans les mêmes termes, avant le gouvernement qui tient ce langage, qu'il avait « à établir non cette *chimérique et impossible* égalité de fortunes et de conditions qu'on n'a vue et qu'on ne verra nulle part et jamais, etc.» (*Plan social*, p. 44, 12, 46, etc.) C'est d'ailleurs, enfin, le langage et la volonté de tous les hommes d'ordre et de sens. Pourquoi donc craindre ou faire semblant de craindre le communisme, ce système anti-social qu'une insignifiante minorité ne nous imposera jamais, c'est bien évident.

Qu'on ne vienne pas dire, non plus, que l'assurance donnée
à l'ouvrier d'être toujours occupé lui ôtera toute émulation
de bien faire. Faudrait-il donc, d'abord, et sous ce prétexte,
le laisser dans cette affreuse alternative, de manquer de travail et de pain, ou de se faire mendiant ou voleur?... Et puis,
d'ailleurs, croyez bien qu'on trouvera un autre moyen ou
motif d'émulation (1) que cette meurtrière concurrence, fille
d'une vaine et menteuse liberté (2) et mère de l'antagonisme,
de la haine, de la guerre, de la ruine, de tout ce qu'il y a enfin
de plus opposé à la justice et à la fraternité, cette double base
solennellement posée et adoptée dans la première séance de
l'assemblée nationale, précisément et spécialement par rap-
port à la question du travail (3).

Mon système, au contraire, je l'ai déjà dit (p. 23 du *Plan
social*), mon système d'association ferait de tous les corps
d'arts et métiers comme autant de familles dans la grande
famille de l'Etat; il ferait bientôt naître entre tous les ouvriers
ainsi associés des sentiments de bienveillance, d'affection, de
mutuel dévouement, en un mot, de véritable et sincère fraternité; il ferait prévaloir l'intérêt général sur les injustes pré-
tentions de l'égoïsme individuel. De plus, et enfin, il moralise-
rait le peuple; il nous délivrerait du paupérisme et de la
mendicité; il fermerait à jamais l'abîme des révolutions, en
procurant le bien-être de toutes les classes, en assurant aux
uns le nécessaire, du travail et du pain, et aux autres la libre
et paisible jouissance de ce qu'ils ont (*Plan social*, p. 12, 24,
39, etc.).

Voici, au surplus, sous forme de réglement et en détails,
cette organisation du travail, qu'on a vue déjà en principe ou
en germe dans le *Plan social et humanitaire*.

(1) Réglement, art. 11 et suiv., 17 et suiv., 45, 57, 60, 50, 32, etc.

(2) Qu'est-ce, je vous prie, que la liberté d'un homme ou d'une femme que
la misère, le froid, la faim, met à la merci du premier venu qui peut lui
payer et lui commander un travail, licite ou illicite, au prix qu'il veut et aux
conditions qu'il lui plaît d'imposer?... « La liberté consiste, on l'a dit avec
raison, non dans le *droit* (vaguement reconnu ou proclamé), mais dans le
pouvoir donné à chacun de travailler; d'où il suit que la société doit à
chacun de ses membres les instruments ou moyens et occasions de travail,
sans lesquels l'activité humaine est d'avance étouffée ou tyranniquement ran-
çonnée. »

(3) « Comme nous, citoyens représentants, vous vous occuperez de régler
l'action possible et efficace du gouvernement dans les rapports que la nécessité du travail établit entre tous les citoyens, et qui doivent avoir pour bases
les saintes lois de la justice et de la fraternité. (Bravo!) » (Discours de M. Du-
pont de l'Eure, Président du gouvernement provisoire, à la séance d'ouver-
ture de l'Assemblée nationale, du 4 mai.)

RÉGLEMENT.

Article Premier. — Dans chaque ville, les journaliers, manœuvres, gens de peine ou de travail, qui ne sont point adonnés exclusivement à un genre de travail spécialement déterminé, mais qui font généralement et indistinctement ce qu'on leur fait faire, seront réunis en corps, société ou corporation particulière.

2. Les travailleurs, ouvriers et artisans qui, à la différence des journaliers et autres mentionnés en l'article 1er, sont exclusivement attachés et adonnés à un genre de travail certain et déterminé, tels que les menuisiers, les serruriers, les charrons, maçons, plâtriers, tailleurs, cordonniers, chapeliers, etc., etc., seront, chacuns dans leur classe, métier, art ou profession, réunis en corps, société ou corporation particulière. Il y aura, ainsi, la société ou corporation des menuisiers, celle des serruriers, celle des maçons, celle des plâtriers, celle des tailleurs, etc., etc.

3. Ce n'est point aux ouvriers eux-mêmes, individuellement, que s'adresseront les citoyens qui voudront les faire travailler, mais à un syndic ou préposé institué à cet effet.

4. Il sera établi dans chaque ville et pour chaque ordre ou corps d'ouvriers un bureau particulier, où sera tenue une liste, tableau ou registre, contenant les noms et demeures de tous les travailleurs qui en font partie, et dans ce bureau, un syndic ou préposé chargé de recevoir les demandes d'ouvriers faites par les particuliers, et de faire droit à ces demandes.

5. Néanmoins, et pour éviter à frais, un seul préposé ou syndic sera établi et servira pour plusieurs corporations à la fois, dans les villes où, en raison de la population ou du petit nombre d'ouvriers, etc., un seul devra suffire.

6. Le syndic prendra note des noms et demeure de chaque

citoyen lui demandant un ou plusieurs ouvriers, du nom de celui ou de ceux desdits ouvriers qui seront demandés nommément ou de préférence, du jour et du lieu où ils devront se présenter et travailler, et enfin du nombre de jours pendant lesquels ils seront ainsi employés ou occupés.

7. Le syndic, ensuite, par un ou plusieurs employés attachés à son bureau, fera prévenir à temps l'ouvrier ou les ouvriers ainsi demandés ; et ceux-ci devront se rendre au jour et au lieu dits, avec les outils et instruments nécessaires, et là exécuter les travaux qui leur seront commandés.

8. Si les ouvriers demandés n'ont pas été nommément désignés, ou si ceux qui l'ont été se trouvent déjà retenus ou occupés ailleurs, le syndic enverra d'autres ouvriers, d'après la liste ou le tableau général, à tour d'ordre ou de rôle.

9. Le prix de chaque journée de travail sera dû et payé par le citoyen qui l'aura fait faire, non à l'ouvrier employé par lui, mais au syndic qui le lui aura envoyé sur sa demande.

10. Ce prix ou salaire, qui devra être raisonnable et suffisant pour fournir aux besoins de chaque jour de l'ouvrier et de sa famille, sera fixé par un tarif arrêté ou approuvé par l'autorité municipale, et qui demeurera publiquement exposé ou affiché au bureau du syndic. (*Plan social*, pages 17, 20, 22.)

11. Le tarif, pour les ouvriers dont parle l'art. 2, ne sera point uniforme et absolument le même pour tous : il établira des prix ou salaires différents, plus forts pour les uns, moindres pour les autres, suivant l'ordre ou la classe dans laquelle ils se trouveront placés. (Art. 12 et suiv.)

12. Dans chaque société ou corporation, les ouvriers seront partagés en différentes classes, suivant le degré de talent, d'instruction, d'habileté, d'intelligence de chacun, et suivant la nature du travail.

13. Les ouvriers de première classe seront plus payés que ceux de seconde classe, et ainsi de suite.

14. Le tarif des prix de journée ou de salaire sera fait en conséquence, et soumis, du reste, aux formalités et conditions prescrites par l'article 10.

15. Le prix ou salaire de la journée sera, par le syndic, payé à l'ouvrier qui l'aura gagné, sous la déduction néanmoins ou avec retenue d'un dixième ou d'un douzième, lequel restera dans la caisse commune ou sociale.

16. L'argent provenant, à la caisse, de toutes les retenues ou déductions ainsi faites sur toutes les journées de travail, sera employé ainsi qu'il est dit aux articles 53 et suivants.

17. Le particulier qui aura à se plaindre d'un ouvrier par

lui occupé, pour cause de négligence, paresse, insolence, ou autre faute, abus ou délit, devra s'en plaindre au syndic ; et l'ouvrier reconnu coupable, ou de son aveu, ou par un jury composé du maire, du syndic et d'un autre ouvrier, subira, sur le prix de sa journée ou de ses journées, une retenue d'un huitième ou d'un sixième, ou autre plus forte, suivant la gravité de la faute, sans préjudice des réparations civiles, s'il y a lieu, et des peines de police ou autres plus sévères qu'il aura encourues.

18. Au contraire, la bonne conduite, l'exactitude, le travail assidu et consciencieux, seront récompensés, comme il est dit aux articles 45, 50, 57, etc.

19. Les désignations et demandes personnelles (art. 6) plus ou moins fréquentes et multipliées de la part des propriétaires ou autres qui font travailler, seront, en général, pour l'ouvrier ainsi demandé, une recommandation, un indice et une preuve de bonne conduite, d'exactitude, etc. (Art. 18.)

20. Les travaux et ouvrages pourront se faire aussi à l'entreprise, à la tâche, et à prix fait, au lieu de se faire à la journée, suivant conventions ou marchés passés entre les particuliers qui voudront les faire faire et le syndic de la société ou corporation qu'ils concerneront. Des mesures seront prises, comme dans le cas de l'art 10, pour empêcher l'abus du monopole.

21. Ceux des ouvriers mentionnés en l'article 1er, qui, un jour ou un autre, n'auront point à travailler pour des particuliers, seront, ce jour-là, employés par les communes ou par l'Etat, à des travaux d'utilité publique, de terrassements, routes, chemins, cultures, plantations, transport de matériaux, assainissement, aide à d'autres ouvriers, etc.

22. Ils travailleront, dans ce cas, sous la surveillance d'agents ou préposés chargés de les mettre et de les tenir à l'œuvre. Les articles 17 et 18 seront ici applicables.

23. Le prix des journées, dans le même cas, sera payé par la commune ou par l'Etat, d'après le tarif, au syndic, qui payera les ouvriers, en faisant la retenue prescrite. (Articles 9, 10 et suivants.)

24. Dans toute ville ou localité où ce sera nécessaire, l'Etat, sur des terrains qui lui appartiendront déjà ou qu'il acquerra dans ce but, fera pratiquer des constructions, plantations, cultures, pépinières, jardins, vignes, et autres ouvrages, auxquels seront employés, suivant leur profession, tous les ouvriers, maçons, charpentiers, couvreurs, menuisiers, serruriers, plâtriers, peintres, jardiniers, cultivateurs, vigne-

rons., journaliers, et autres, qui ne se trouveront pas occupés par des particuliers, et qui y travailleront les jours où ils n'auront pas à travailler pour des particuliers.

25. Les article 17, 18 et 22 seront ici applicables.

26. Les prix de journées ou salaires seront payés dans ce cas comme dans celui de l'article 23 (1).

27. L'État, propriétaire des terrains et des travaux, bâtiments ou autres, qui y auront été ainsi faits, en profitera et disposera ensuite comme il l'entendra, par ventes, locations, jouissances, de la manière enfin la plus généralement utile et fructueuse.

28. Il fera construire de cette manière des monuments publics de toutes espèces, où les travailleurs de tous ordres, tant ceux mentionnés en l'article 24 que les artistes, les architectes, peintres, décorateurs, sculpteurs, et autres, trouveront l'emploi de leur industrie et de leurs talents.

29. Il fera construire de même des hospices ou maisons communes de secours, d'invalides, etc., des salles d'asile, colléges, écoles, ateliers, magasins, prisons, casernes, bureaux, palais de justice, etc.

30. Il fera même construire de simples maisons d'habitation, grandes et petites, pour bourgeois et pour ouvriers, etc.; lesquelles ensuite seront vendues ou louées à son profit (2).

31. Il pourrait, dans ces maisons ou partie de ces maisons, loger un plus ou moins grand nombre de ses fonctionnaires ou employés, dont les traitements subiraient, par suite, une réduction proportionnelle à la valeur du logement qu'ils recevraient ainsi (3).

32. Une partie de ces mêmes maisons pourraient être assignées à l'habitation gratuite ou à bon marché d'un plus ou

---

(1) Les travaux dont parlent l'article 24 et les suivants n'étant point faits à l'entreprise, l'État y gagnerait doublement : 1° il n'aurait point à payer la prime ou bénéfice de l'entrepreneur; 2° les travaux et ouvrages seraient mieux faits ; que d'entrepreneurs, en effet, pour gagner le plus possible sur leur marché, emploient de mauvais matériaux ou de mauvais ouvriers, ou ne font point les choses complétement et consciencieusement, et que d'ouvrages, de constructions ainsi faites se trouvent défectueuses, dénuées de solidité, etc. !

(2) Ces constructions, plus ou moins multipliées, procureraient à la population en général des habitations plus saines, plus commodes, sans encombrement, sans entassement des uns sur les autres, etc. On pourrait, de cette manière, dans beaucoup de villes, refaire, améliorer et embellir nombre de ces vieilles rues, difformes, tortueuses, obscures et malsaines, qui les déparent, en achetant les maisons plus ou moins caduques, et les rebâtissant sur un nouveau style et alignement.

(3) Ce serait autant de moins à payer, autant, par suite, à diminuer sur l'impôt.

moins grand nombre des citoyens dont il est parlé aux articles 49 et 50 (1).

33. L'Etat disposera, comme il est dit aux articles 48 et suivants, des récoltes, fruits, légumes et autres produits des champs, jardins, fermes et autres terres mentionnées en l'article 24 (2).

34. Les villes, comme l'Etat, pourraient faire travailler utilement les ouvriers inoccupés, conformément aux articles 24 et suivants.

35. Elles se feraient, de cette manière, construire ou établir des hôtels-de-ville, théâtres, bibliothèques, halles, abattoirs, fontaines, magasins, dépôts, et autres lieux ou établissements d'utilité publique.

36. Elles feraient élever de même des salles ou jeux de paume, de boules, de quilles, de billards, de gymnastique, et autres lieux ou établissements publics où les ouvriers viendraient, les jours de fête, se reposer des travaux de la semaine, et trouveraient des récréations ou délassements (mille fois préférables à ceux du cabaret de même qu'à une dangereuse ou fastidieuse oisiveté).

37. Elles se feraient faire également des promenades, cours, jardins, boulevards, quais, etc.

38. Elles pourraient enfin et aussi faire édifier des maisons d'habitation et autres bâtiments, pour les vendre ou les louer, ou en disposer de toute autre manière (3).

39. Les artisans et ouvriers dont le genre de travail consiste à ouvrager, fabriquer ou confectionner des objets mobiliers, seront occupés par la société ou corporation dont ils feront partie, ou bien par l'Etat, les jours où ils ne se trouveront pas employés par des particuliers.

40. A cet effet, ladite société ou corporation fera confectionner par eux des ouvrages, effets et marchandises de leur état, en leur appliquant l'article 22, et les faisant travailler ou chez eux-mêmes, ou dans des ateliers communs, à la tâche ou à la journée.

41. Elle leur payera, suivant le tarif mentionné aux articles 10 et suivants, le prix des journées qu'ils auront passées et employées à ces sortes de travaux, sauf la retenue prescrite par l'article 15.

42. Les ouvrages, effets et marchandises confectionnés comme il est dit à l'art. 40 appartiendront à la communauté ou corporation des ouvriers qui y auront travaillé.

(1) Autant de moins encore à payer en argent.
(2) Autant de moins, toujours, à payer en argent.
(3) V. la note de l'art. 30.

43. Cette corporation disposera desdits objets dans l'intérêt général d'elle et de ses membres. Elle pourra en établir des dépôts ou magasins, dans lesquels ils se vendront à son profit, en gros ou en détail, à qui voudra en acheter, et par gens ou commis à ce préposés, membres de la société ou autres.

44. Elle pourra également louer lesdits objets.

45. Elle pourra aussi les donner ou distribuer, en tout ou en partie, à ceux de ses membres qui, devenus vieux ou infirmes, ne pourront plus travailler, ou à ceux qui, dans l'exercice du métier, auront éprouvé quelque accident, perte ou malheur, ou à ceux, enfin, qui auront mérité récompense ou encouragement par leur bonne conduite, par leur exactitude à remplir les devoirs de la profession, ou par un talent et une habileté particulière. (V. *Plan social*, pages 21 et 22.)

46. Les ouvriers, artisans ou fabricants, désignés en l'article 39, qui, un jour ou un autre, ne se trouveront occupés ni par des particuliers, ni par la société ou corporation dont ils feront partie, le seront par l'Etat.

47. Celui-ci leur fera faire ou confectionner, pour son compte et à son profit, des ouvrages, effets et marchandises de leur métier ou profession, conformément aux articles 40 et 41, sauf que les prix de journées ou salaires seront, par l'Etat, payés sans retenue au syndic de la société, lequel, ensuite, se conformera à l'article 15.

48. Les ouvrages et effets confectionnés comme il est dit à l'article précédent, et appartenant à l'Etat, serviront à approvisionner en meubles, linges et hardes, vêtements, chaussures, livres, armes, outils, instruments et ustensiles, etc., les maisons et établissements publics à la charge de l'Etat, hospices, écoles, salles d'asile, casernes, armées, fermes nationales, etc., etc (1).

49. Ils pourront également, en partie, être donnés et distribués aux citoyens, travailleurs ou autres, qui, sans être précisément ou entièrement pauvres, et à la charge de l'Etat, auront néanmoins besoin d'aide ou de secours partiels, plus ou moins étendus, et que, d'ailleurs, la société ou corporation dont ils feront partie n'aurait pas le moyen de leur fournir elle-même. Art. 57 (2). (*Plan social*, pages 30, 21.)

---

(1) Ce serait pour l'Etat autant de moins à payer en argent, autant de moins à acheter ou se procurer à grand frais et à grande perte par tous ces marchés et entreprises de fournitures si onéreux pour lui, occasion de tant de fraudes et d'abus !... Ce serait, par suite, autant de diminué sur l'impôt ou sur son emploi....

(2) Ce serait encore autant de moins à payer en argent, autant de diminué sur l'impôt, etc.

50. Les mêmes objets pourront, aussi en partie, être donnés à titre de récompense ou d'encouragement aux ouvriers, employés, fonctionnaires et autres citoyens qui l'auront mérité par leur bonne et honnête conduite, par leur application et leur exactitude à remplir les devoirs de leur profession, par une industrie, un talent ou une habileté particulière, ou par quelque service rendu à la patrie, à l'humanité, etc. (1).

51. L'état pourra encore donner aux fonctionnaires et employés publics, en payement de tout ou partie de leur traitement, ceux desdits effets ou objets qu'ils demanderont et qu'ils consentiront à recevoir ainsi en payement (2).

52. Ceux enfin des mêmes objets qui ne trouveront pas leur emploi conformément aux articles précédents, resteront à la disposition de l'Etat, qui pourra les faire vendre ou louer à son profit.

53. Dans chaque société ou corporation, l'argent de la caisse commune ou sociale, provenant des retenues de salaire prescrites par l'article 15, des ventes et locations faites aux termes des articles 43 et 44, et de tous autres revenus, bénéfices ou sommes quelconques appartenant à la corporation, sera employé aux usages suivants :

54. Achat, confection et réparation de tous les outils et ustensiles nécessaires aux membres de la société, et qui leur seront fournis par elle ;

55. Achat de toutes matières et fournitures nécessaires à l'exécution des travaux auxquels ils sont employés ;

56. Traitement ou salaire des préposés ou syndics, et autres agents ou employés de la société ;

57. Secours, indemnités ou récompenses aux ouvriers dont parle l'article 45 (sauf à l'état à fournir ou parfaire, s'il y a lieu. V. *Plan social*, pages 20 et suiv., 30 et suiv.) ;

58. Apprentissage et éducation des enfants des différents membres du corps ou société (V. la note sur l'article précédent) ;

59. Entretien et réparations de toutes choses, meubles et immeubles, appartenant à la société.

60. Le surplus ou bénéfice, s'il en reste, après tout cela payé, sera partagé et réparti entre tous les membres de la

---

(1) On pourrait donner, par exemple, un livre, une pendule, un meuble d'honneur, comme on donne un sabre ou un fusil d'honneur, etc. On pourrait remplacer par là les traitements ou pensions de la légion d'honneur, etc. Autant d'épargné encore sur les fonds du trésor public.

(2) Autant de moins encore à payer en argent, autant de diminué sur l'impôt ou sur son emploi.

corporation, dans des proportions basées sur ce qui est dit aux articles 11 et suivants.

61. Les laboureurs, cultivateurs et autres ouvriers adonnés à la culture des terres seront, dans chaque ville qu'ils habiteront, réunis en corps, société ou corporation particulière, et régis par tous ceux des articles précédents qui leur paraîtront applicables.

62. Il en sera de même des vignerons et des jardiniers.

63. Dans les campagnes, tous les laboureurs, vignerons et autres ouvriers travaillant la terre, habitant un bourg ou village chef-lieu de commune, formeront aussi entre eux une société ou corporation.

64. Ils seront inscrits sur un registre tenu à la mairie, où chaque propriétaire ou fermier pourra demander ceux qu'il voudra faire travailler.

65. Ils seront indiqués, envoyés à l'ouvrage, payés et occupés conformément aux règles ou dispositions qui précèdent, sous les modifications suivantes.

66. Le maire ou l'adjoint, ou le secrétaire de la mairie, ou un conseiller municipal, remplacera, pour eux, le préposé ou syndic dont parlent les articles 3 et suivants, et en remplira les fonctions.

67. Les propriétaires ou fermiers non résidant au bourg ou village pourront payer directement aux ouvriers leurs journées ou salaires ; mais dans ce cas, les ouvriers verseront à la caisse commune ou sociale le dixième ou le douzième de ce qu'ils auront ainsi reçu.

68. Les articles 63 et suivants ne s'appliqueront point aux ouvriers agriculteurs habitant soit des villages ou hameaux non chef-lieux de commune, soit des fermes, domaines ou autres résidences plus ou moins isolées. (V. art. suiv.)

69. Néanmoins, le prix de journée ou salaire sera le même que celui du chef-lieu de la commune.

70. Ces ouvriers, d'ailleurs, quand ils ne seront pas employés par des particuliers, auront droit de se faire admettre aux travaux et ouvrages entrepris par la commune ou par l'Etat, aux termes des articles 21, 24 et 34, et ce, dans le lieu le plus voisin de leur résidence où s'exécuteront les travaux.

71. Les articles 63 et suivants ne s'appliquent point aux serviteurs, domestiques, valets de ferme et autres, travaillant, non à la journée, mais à l'année ou autre période de temps plus ou moins longue, et pour un seul et même prix.

72. Ils ne s'appliquent point non plus aux cultivateurs attachés comme fermiers ou colons à des domaines, métairies

ou autres biens qu'ils exploitent et font valoir à l'un ou à l'autre de ces titres.

73. Dans chaque forge, usine, fabrique ou manufacture, le salaire des ouvriers sera réglé et tarifé comme il est dit aux articles 9 et suivants.

74. Chaque ordre ou classe desdits ouvriers aura une caisse commune, dans laquelle sera versé le dixième ou le douzième dè leurs salaires, pour être employé, comme il est dit aux articles 53, 57, 58, 60.

75. Ils travailleront, chaque jour, pendant le nombre d'heures qui sera déterminé, sans qu'on puisse, en général, les forcer à travailler plus long-temps.

76. Lorsque, à défaut d'ouvrage ou de commandes, une usine, une fabrique ou une manufacture n'aura plus, momentanément, de quoi occuper tout ou partie de ses ouvriers, il y sera pourvu par des demandes ou commandes d'ouvrage faites au nom de l'Etat.

77. Mais alors, et sur les travaux et ouvrages ainsi exécutés, le bénéfice personnel du fabricant ou manufacturier sera réduit au tiers de ce qu'il serait autrement, c'est-à-dire, si les travaux n'eussent pas été entrepris et commandés par le seul motif et dans le seul but de procurer de l'ouvrage aux travailleurs de son établissement. L'Etat, ainsi, ne payera que ce tiers de bénéfice, avec le prix de la main-d'œuvre et la valeur des matières employées ou fournies (1).

78. L'Etat, propriétaire des ouvrages et objets fabriqués sur sa demande, aux termes de l'article 76, en disposera comme il est dit aux articles 48 et suivants.

79. Tout ce qui est dit des ouvriers et travailleurs dans le présent réglement, ou projet de réglement, s'applique, en général, aux femmes ouvrières.

80. Il y aura, en conséquence, autant de sociétés ou corparations d'ouvrières qu'il y a d'espèces de métiers ou professions exercées par des femmes, et chacune de ces associations sera régie par toutes celles des dispositions précédentes qu'il sera possible, utile et juste d'y appliquer.

---

(1) Cela doit être, puisqu'il s'agit uniquement de faire vivre, en travaillant, les ouvriers de l'usine, fabrique, etc., et non d'enrichir plus ou moins le maître ou propriétaire de ladite usine ou fabrique. On lui doit néanmoins quelque chose pour l'usage de ses métiers, outils, ateliers, etc.; et c'est ce que j'apprécie au tiers de son bénéfice ordinaire, dont je lui fais tenir compte par l'Etat. Le fabricant ou manufacturier gagnera toujours, d'ailleurs, à ces sortes de travaux : il y gagnera d'abord de ne point payer des ouvriers pour ne lui rien faire, et ensuite il leur devra peut-être la conservation de son établissement et de son industrie, qu'un chômage plus ou moins prolongé pourrait ruiner ou ébranler.

Nevers, P. Bégat, imp. du Gouvernement, rue du Fer, 16.

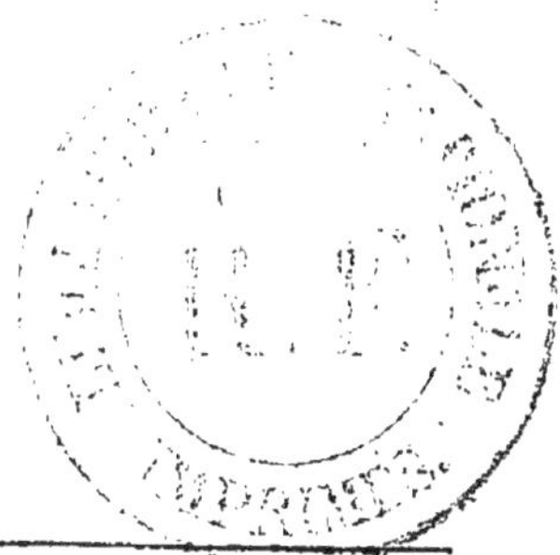

www.ingramcontent.com/pod-product-compliance
Lightning Source LLC
Chambersburg PA
CBHW061224050726
47594CB00008B/3798